JN439801

아직은 조금 오래 그리워해도 좋을

강정숙 시집

가히 시인선 004

아직은 조금 오래 그리워해도 좋을

강정숙 시집

가히

시인의 말

꽃 피우고 열매 맺는 일, 내 몫이 아니라며

실없이 눙치면서 속엣말 밀어냈다.

하세월 흐른 후에야 고스란히 알게 된다.

너로 인해 슬펐고
너로 인해 아름다웠음을.

2024년 6월
강정숙

차례

제2부

제3부

제4부

제5부

제1부

미안하다, 몸

깊이 없는 날들을 눌러주고 싶었나
대책 없이 허물어진 뼈를 받쳐 주려 했나

연붉은
내 늑골 속에
돌들이 살고 있다

무거움 가벼움에 떠밀리며 사느라
거둘 것 내보낼 것 균형을 잃고 만 죄

함부로 써버린 몸아
그러니 문득
미안하다

봄밤

먼 그대 소식인가
살구꽃이 지고 있다
꽃 오듯 곱게 와서 바람에 쓸려 가버린 너

치받는
뜨거운 말만
입시울에 맴돌아

잘 마른 물행주를
탁탁 털어 너는 시간
수그린 별의 이마가 말갛게 젖고 있고

사위엔
적요만 한가득
오래 목멘 봄밤이다

저녁의 나무 도마

핏물이 배어 있는 도마를 닦는 저녁
나무가 벼려 만든 밥들을 생각한다

당신은
이것을 빌려
가장이 되었다

검게 찌든 쇠솥에서 염소탕이 끓는 날은
눈부신 햇살 아래 비탈길 바장이던
덜 여문 염소 울음이 새까맣게 고였다

그 울음 받아내며 파이고 갈라져서
딴딴한 결기마저 수굿해진 도마를

우리는
오랜 세월 동안
밥줄이라 불렀다

별리

하늘 이리 맑은 날은 소식이 올 것 같아
강둑의 젖은 억새도 머리 낭창 세우고

햇살에 씻긴 강물은
가르마가 하얗다

바람결에 부쳐온 난독의 문장 한 줄
먼 그대 외진 마음 다 읽을 수 없어서

수척한 가을 전언만
홀로 받아 적는다

은빛 날개를 접고 수면을 오래 보는
중백로 긴 목덜미가 전생처럼 서러운 날

여기에 없는 한 사람을
가만히 불러보는

봄날은 가고

무엇을 버려야만 나아갈 수 있는지
알게 되는 그 순간 꽃빛은 수척하다

순명한
계절의 말씀
받아쓰며 지는 꽃

이맘때 새소리는 짙은 메나리조다
아낌없이 쏟아내고 잦아드는 그 무게감

몇 동이
적막을 퍼서
마른 목을 적시는

애련 동백

아직은 조금 오래
그리워해도 좋을

그때 그 동백꽃들 서둘러 지고 있다

슬픔을 꺼내놓기에
더없이 좋은 날

덧없는 애련일랑 파랑波浪에나 얹어주고
날리는 꽃잎꽃잎 온몸으로 받는 바다

그 바다
흰 이랑에도
붉은 물이 드는 시간

무엇을 긋고 갔나
곡진한 너의 안부
잎들은 잎들끼리 서로를 적시는데

봄보다

먼저 온 이별에

숨이 붉다

저 바다

내 사랑 우도牛島

뭉치고 깨져버린
그 많은 상처들도

오래 쓰다듬으면 물에 뜬 듯 가벼워져

길섶엔 유채꽃 만발
지천이 봄빛이라

더불어 찰방거리다
빠져나간 언약도

내 안의 비바람도 이곳에선 해맑다

물살이 물살을 미는
우도는 지금
쾌청

숲

잔가지 떨쳐내고
곧게 선
조선소나무

그 아래 찔레꽃은
그늘 속에 피었건만

기가 센
재종 언니는
홀로 늙네

깊고 찬
숲

사과의 거처

공중에 세 들었지
단품이며 월세였지

비바람에 차이고
햇살에 옥죄이다

비로소 땅에 닿았지
반은 익고 반은 설어

지상의 한 모서리 그곳에 다다른 건
오로지 몸 하나로 붉게 멍든 몸 하나로

마음이
뛰어내릴 때마다

받아냈기
때문이지

오늘은 상품이다

못난이과일 파는 곳에 사람들 줄 서 있다
나도 한 번쯤은 그런 때가 있다는 듯

자신을 뒤돌아보듯
상처 난 곳 만져본다

조금씩 기울어진 둘레를 살살 세워
조금 더 반듯하게 잘 보이고 싶던 시절

한 꼭지 들어 올려서
반짝이고 싶던 시절

나를 앞서간 것들만 결실이 되던 날도
웃자라기보다는 몸 낮춰 엎드렸다

오롯이 달게 익어서
오늘만은 상품上品이다

천 개의 입

반쯤 꺾인 가지 끝
천 개 만 개 달린 꽃들
잇속도 새하얀 입 말라서 까슬하다
봄비도 몸을 낮추며
토닥이다 지나가고

연두나 초록 같은 설렘은 아니어도
딛고 선 이 자리가 난민촌이 아니기를
빗줄기 달게 받으며
물관이 부풀기를

굽 낮은 음역으로 말없이 말을 하는
물기 마른 것들이 빈 젖을 빨고 있다
멀건 죽 한 술이라도
먹이고픈 봄날이다

구절리 옛집

반 접혀 홀로 삭는 산모롱이 너와집

잠시 세 든 거미집이 부둥켜 받치고 선

어둑 빛
눈 시린 그곳
아스라한 구절리

안으로 곡을 재인 뒤울 홑잎나무

온몸이 파랗도록 바람벽 밀고 있다

숨탄것
생生이 부푸는
내 옛집은
허공장경虛空藏經

가을 소묘

몸짓만큼 다양한 색, 저 가을 끝머리

나뭇잎 지는 소리 낮게낮게 번진다

어디로 가는 것일까 나는 모습 제각각이다

새들이 가는 곳이 나무의 고향일까

작은 새 무리가 일렬종대로 가고 있다

새 떼를 따라나서는 구름의 발 무겁다

생각하면 오래전 지는 때를 몰랐다

나뭇잎 한 장 무게로 가벼워진 몸이여

한 마디 유언도 없이 흩어지는 잎이여

그 가을, 부석사

길게, 눕고 싶은 나날이었다

대책 없이 구월 가고
달빛 아래 부석사

소백산 발치 어디쯤
넘어지고 있었다

어깨를 내어주던 목탄빛 산그늘과

채도를 조절하던
빛살마저 이울어

맥없이 발등만 붉었다
돌아서고 말았다

12월

고욤나무 가지에서 고욤 툭 떨어진다

열매가 넘고 있는 완숙의 시간 앞에

십이월 안부를 묻는 바람이 차고 깊다

검붉은 모서리가 무게감 없이 뭉클하다

세상 슬픔 다 가진 주름진 얼굴인데

나무는 별일 아닌 듯 귓불 살짝 젖는다

한 작은 고요가 서쪽으로 건너간 뒤

울음에 기대어 꿈꾸는 날 많아졌다

울면서 생의 전부를 비우는 일 많아졌다

제2부

오리의 시간

살얼음 낀 가장자리 오리 몇 어두워진다
저수지 깊은 안쪽 먹잇감이 풍성한데
거기에 닿기까지가 영원처럼 멀다

얼음 강 건너서 온 탈북녀 분임 언니
24시간 해장국집 설거지통에 붙박여
검붉은 발가락 열 개 오리처럼 뒤뚱댄다

낮게 엎드릴수록 된바람을 덜 타는 것
발목은 젖었으나 날갯짓은 팽팽하다
밀고 갈 얼음길 너머 중심부가 반짝인다

낙과

덜 익은 모과 한 알
툭
하고 떨어진다

그늘보다 햇살을 더 받고 싶은 나무의

간절한
생각 하나가
훅
뱉어졌나 보다

자작나무 숲에서

원대리 자작나무는 결마다 상처다
부대끼지 않으려고 제 가지 떨군 자리
흉터로 무늬를 새겨 한 풍경 이룬 숲

견디며 사는 게 어찌 그들뿐일까
부딪치고 멍들어도 서로를 에두르며
빛나는 생의 한때를 꿈꾸는 게 아닌가

들켜버린 마음인가, 잎잎 발그레하다
발등 부은 한나절이 바람 따라 쓸리고
미답의 우듬지 새로 축복 같은 볕이 든다

시인의 밥

슬픔의 계절인가
눈시울 젖는 가을

야윈 목 높은 도수 생활고를 넘지 못한

한 시인 부음 소식에
요 며칠이 서럽다

어느 때고 우리글이
밥 된 적 없었지만

글로 인해 입맛이 다디단 날도 있어

천상의 말맛을 찾아
그리 길을 헤맸거늘

손등에 찰방대는
적정선 물금 같은

입맛과 밥맛처럼 이음동의어 말맛 같은

한 생이 그렇게 달게
흘러갈 순 없을까

오래된 집

봉분들이 모여 사는 오래된 그 마을은
첩첩 등을 맞댄 정적만이 이웃이다
그 바닥
자생 꽃 같은
조화들만 펄럭대고

눅눅함과 애틋함이 고봉으로 쌓인 한낮
살아 수없이 옮겨 다닌 낡디낡은 집 한 채가
또다시
이사 오는 곳
흙빛 사뭇 붉은 집

통영

풀 먹인 베옷인 양 각이 선 억양하며
장바닥 활어 떼로 퍼덕대는 물살이며
제승당 벼린 빛살도 애오로지 외곬이라

바라보는 것만으로 몸이 곧아지는 시간
통영, 하고 부르면 북소리로 화답할
그 울림 가슴에 품은 한 사내를 그려본다

먼 별의 발치께서 불을 켜는 미래사
오를수록 멀어지는 아득한 그 높이에
한 발 더 다가가고 싶어, 애가 끓는 저녁이다

내상

차마 읽지 못한 그대 시집 펼쳐 본다

서늘한 목차 하며 혼이 담긴 내편內篇들

만상을 복기해놓은
지극한 시심을 본다

이제 영영 활자로부터 내쳐졌나 싶은 나

달빛 사위어버린 그믐처럼 수척해진다

또 한 번 내상內傷을 입는다
너 보낸 뒷날 같다

언덕

언덕이라 써놓고 오래 들여다보면

소낙비 찔레 덤불 해묵은 귀룽나무

밑동을 흔들고 가던 바람 또한 순해져

빈 들도 예 와서는 무른 몸을 다지고

덜 여문 잔 풀씨들 내침 없는 품 되어

타지를 떠돌다 온 발 고이 받아 꽃피운 터

가만히 읊조리면 아릿하고 아련하다

먼 길 가다 돌아봐도 언제나 그 자리에

빗장뼈 둥글게 휘어진 구릉 너머 부신 거기

국경 없는 잠

전철 안에서 깊이 잠든
여행객 세 모녀

잠 속에서 어린것이 국경을 넘나 보다

찌푸린 이마 사이로
그늘 별이 지나간다

어디에서 왔으며
어디로 가는 걸까

내릴 곳 놓칠까 봐 보는 내내 불안하고
난분분 날리는 잠의
뒷모습이 궁금하다

이명耳鳴

새소리

폭포 소리

귀뚜라미 울음소리

졸음과 불면 사이

저벅대는 저 발소리

밤이면

어둡고 습한

동굴로 끌고 가는

세렝게티

초록 물든 평원에 얼룩말이 뛰고 있다 섬세하고 미끈한 목덜미가 눈부시다
우기가 지나간 자리 고요하고 팽팽하다

묽어 엷어진 이내가 산자락 감는 시간 사자와 어린 가젤 필사적 질주 뒤에
한순간 사라져 버린 죄 없는 목숨 하나

생의 순환, 생의 귀결, 온갖 수사를 동원해도 목숨 다투는 일은 저렇듯 처연하다
장엄한 저녁노을도 붉게 운다, 세렝게티

먼 사랑

실바람과 는개비와 댓잎 끝 새벽이슬

폭발적 색色을 토하고 저버리는 모란 동백

빠르게 스러지는 것, 아름답고 애틋하다

수억 광년 걸어걸어 찾아온 이도 있다

한참 늦게 당도한 그 무렵 닻별 하나

내 온 생 떠받들면서 오래오래 지고 있다

냉이꽃 한나절

냉이꽃에 눈 홀려 한나절을 보내네

대충 보면 이름 모를 그냥 그런 풀인데

밟히면 더 단단해지는 성질머리 있는 풀

겨우내 웅크렸던 뿌리께의 방백인가

호미 날 닿는 순간 훅 번지는 독한 향내

아무렴 밟고 가시라, 겁도 철도 없는 풀

말리다

초록을 건너온
붉디붉은 고추들이
벌러덩 가을볕에 알몸으로 누웠다

뜨거운
제 한 생애를
펼쳐놓고 말린다

톡 쏘는 향기와
눈부신 색을 위해
알싸한 생 전부를 말리고 삭이는 동안

하늘은
또 몇 번이나
숨죽여야 했는지

섬

세 식구 기저질환자 아랫집 선희네는
코로나 예방 주사 누구도 안 맞았다
한동안 인기척 없어 안쓰럽고 불안하다

힘없이 들려오는 전화 속 목소리는
사람을 피해야 하는 쓸쓸함이 묻어 있고
누구도 왕래할 수 없는 외딴섬이 되었다

환한 대낮에도 어둑어둑 그림자 진
선희네 대문 안이 걱정되고 그리운 날
갓 무친 봄동 한 사발 담장 너머 건넨다

제3부

후일담

*

봉인을 풀고 있는 나무 저 표정은
꽃 핀다는 걸 알고 있어 담담하고 촘촘하다
곧이어 물이 들 게다 지천에 푸른 화농

*

부드럽게 풀려 있는 냇물의 저 표정은
젓기를 멈추지 않는 오리발 때문이다
저어서 나아가야 하는 순명한 물갈퀴들

*

바람 따라 휘청대는 너의 굳은 표정은
심장을 좀먹고 있는 그리움 때문이다
한 생을 끌고 가는 건 뭣도 아닌 사랑이라

위험한 동거

꽃 알레르기가 내게 제 열통 터트린다 여리고 예민한 부위에 유독 발진한다
손대면 멈출 수 없는 엑스터시 뒷맛 같은

잎마다 반점 박힌 마당의 모과나무 겨우내 몸을 긁어 등걸마다 흠집이다
제 생의 겨드랑이에 그늘 한 채 들이고

아픔도 오래 만지면 생기로 반짝이나 터진 내 표피에 연분홍 새살 돋고
나무도 꽃 피우느라 온 집이 왁자하다

찔레꽃

다시 사는
이 봄이
꿈속의 꿈만 같아

오늘은
그렁그렁
눈물방울 매달고서

슬픔이 없는 내일을
걷고 싶은
하얀 저 발

겨울을 건너는 일

살얼음 딛고 있는 저수지 물오리들
몸은 가만 떠 있어도 쉼 없이 젓고 있는
물갈퀴 가는 발목이 언 볼처럼 발갛다

면장갑도 아껴야 하는 차디찬 손끝으로
빈 박스 줍고 있는 허름한 저 노부부
체온을 건네주려고 서로 손을 비벼주는

하루를 건너는 일 물속같이 어두워도
함께여서 갈 수 있는 저 길 끝 한 뼘 오지
때로는 따순 햇살 훅, 번지는 날 있으리

9월

합장무덤 봉분마다 젖은 풀 마르고

자식 그 자식들도 어린 손 보태는

모처럼 사람 냄새로 북적대는 공원묘지

부모는 한평생 미안해하는 존재이고

자식은 한평생 후회하는 존재라지

후회가 미안함에게 온몸 굽혀 절 올리는…

그 저수지

*

가라앉는 것들의 알지 못할 침묵과
물살이 끌고 가는 바닥의 은밀함은
물낯이 감추고 있는 무표정의 표정이다

*

소나기 지나가자 물빛 더욱 깊어져
틈 많은 방죽마다 초록 물뱀 자주 숨던
그 여름, 놓쳐버렸던 물총새의 저수지

*

마른 잎 다녀가고 또다시 겨울이다
행로를 알지 못할 철새 떼 떠난 자리
다시는 날지 못하는 날개 몇 떨고 있다

진도 바다

환한 구릉 같은 목백일홍 가로수며

태초부터 그곳인 77번 신작로며

빛나는 양철지붕이 눈부셔 서러운 곳

이 세상 어떤 물색이 너와 같을까마는

수만 번 파랑에도 본색으로 돌아가서

등 밀어 돌려세우는 서슬 퍼런 네 앞섶

네 표정 다 품고서 뭍으로 돌아간들

나 이제 조금밖에 기억 못할 것이므로

발등에 젖어 번지는 조바심만 아프다

유월에 병을 앓다

끝내 나를 비껴가듯 봄날마저 이우는 날
세상 모든 아픔이 내게로 쏟아지고
한 열흘
병을 앓는다
봄꽃이 지고 있다

햇살 너무 두텁고 그늘 너무 얇다
이젠 자꾸 뭔가를 챙겨 먹어야 할 나이
손금이
뚝 끊긴 자리
치자꽃 지는 자리

저, 하현

바람에 몸 뒤집는 라일락 꽃잎에는
꿀벌의 타액 같은 향기가 묻어 있어

입술에
굴려보다가
혀끝에 적시다가

봄밤이라서 봄과 밤은 동음 같아서
그 옛날 첫 키스 혀의 맛 같아서

저, 하현
소슬한 이마도
물이 드네, 희디희게

나를 빚다

하나의 벼린 칼을 손아귀에 쥐기까지
불과 물로 달구고 식혀 수만 번 두드려야
그렇게 물렁해져야 한 모습을 만나는 것

그러므로 당신 몸은 망치이고 담금 물이고
화덕의 불덩이이자 한 줄기 바람 되어
찰나를 베고도 남을 푸른 날[刃]이 되는 것

베어야 끝나지만 끝내 베지 못하고
녹아서 흐르고 흘러 또다시 서슬이 되는
당신의 깊은 내상이 비로소 나를 빚다

무릎 안부

한철 제 소임을 다한 밭둑 억새들과
그 또한 일을 마친 쇠뜨기 마른 풀잎
한순간 바람이 일자
반 휘어 아찔하다

휘거나 접는 것은 무릎의 일이거늘
한평생 구부려 살아 연골 없는 하루가
꺾일 듯 꺾일 듯 다시,
일어서는 저물녘

흐린 날의 풍경

비에 젖은 나뭇잎을 뚝 쳐 준다 가볍게

무엇이 흔들어 주지 않으면
어쩔 수 없이
나무는

저토록
무거워져서
바람을 기다린다

이상향을 찾아서

지렁이 한 마리 뙤약볕에 길을 간다
자가웃 거리 너머 축축한 땅 그곳은
필생을 걸어야 하는 멀고 험한 샹그릴라

그 모든 이상향에는 쉬운 길이 있을까
아찔한 순간을 무수히 건너야 하는
그의 배 우주를 밀며 더디더디 가고 있다

개망초처럼

예고된 불행인가 전염병이 덮쳤다
사람과 사람 사이 검은 휘장 드리우고
입 막고 손사래 치며 경계벽을 세워도

생일 밥 함께 먹은 가족들 걸려들었다
사위는 중환자실로 딸아인 일반병실로
창밖엔 종일 비 오고 내 안엔 걱정 한가득

생활관 바깥 공터에 개망초가 피었다
꺾일 듯 꺾일 듯 꺾이지 않는 대궁
저 억센 눈부심에게 걸어본다, 내일을

제4부

흙터의 힘

예초기 지나간 자리 베인 풀이 마른다

풀잎이 삶의 근간인 애벌레도 살고 있어

그들의 지금 처소가 시리고 막막하다

드물게는 나도 깊이 베일 때가 있다

썼다가 지우고 마는 미완의 문맥이며

결구를 놓칠 때마다 마음을 다친다

잎이며 줄기보다 결국은 뿌리다

분재가 되기 위해 팔 꺾는 나무처럼

도졌다 다시 아무는 그 흙터가 힘이다

소금이 올 때

염전의 흰 햇살이 새로 벙근 목화꽃 같다

손대면 바스러질 불완전한 물의 꽃

덜 여문 숭어리들이 간절하게 피고 있다

당신과 해야 할 일은 가래로 모으는 일

슬픔을 옮겨주듯 천천히 퍼 올리는 일

바람의 등을 떠밀고 젖은 몸을 받는 일

살구의 거처

잘 익은 살구 몇 개
겁 없이 굴러간다

경운기 몰고 가는
남정네를 따라가나

새댁의 헛구역질을
남몰래 달래주려나

기차와 트럭 타고
오일장에 팔려 간다

단물 다 빨리고
속절없이 뱉어진다

언덕 위
늙은 나무가 구부정하게 휜다

동백 유서

어떻게 날아갔니
날개 없는 어린 꽃아
무엇이 너를 자꾸 그쪽으로 밀었니

결단코
생의 벼랑은
내달리는 길 아닌데

섣불리 가슴 열어 내보일 일 아닌데
한 꽃술 한 잎이라도
견디며 사는 건데

단 한 번 디딘 발끝이
허방에 닿았구나

이 봄빛 내겐 너무
찬란하고 캄캄해요
쓰다 만 네 유서의 덜 마른 잉크인가

파랗게

입술을 떨다

붉게 지는 저 동백

향기에 찔리다

병아리색 소국을 한 소쿠리 따낸다
그늘과 바람으로 물기 거두게 하고
향기를
그러모아서
베개 속에 넣는다

저를 말려 내 꿈을 부드럽게 적셔주는
꽃의 독한 상처가 아찔하고 아릿하다
가을은
너의 심장을 베고 자는
허한 계절

오늘 아침

쪽 달이 새파랗게 얼어붙은 아침이다

바싹 마른 나뭇잎이 바스러지는 아침이다

들판의 무른 적막도 날이 서는 아침이다

바람 없는 서쪽으로 실금 가는 아침이다

출근길 구두 뒤축이 더 딱딱한 아침이다

어제가 오늘의 등을 가만 미는 아침이다

연꽃 질 때

꽃 지는 장능리 보은당 연밭에는

홍련 백련 어리연 부레옥잠도 있는데요 한낮의 햇살에도 어둑발 이는데요 쭈구렁 씨방들 말리고 있는데요 말려도 마르지 않는 슬픔, 언제쯤 마르나요 저 꽃들 몸이래야 물컹물컹한걸요 예까지 따라온 애달픔 때문에요 쩌낸 줄기같이 허물어진 자태지만 뿌리에서 자아올린 연약한 날숨이 방문객 발소리에 잠시잠깐

못물에 흔들리다가
가만히 잦아드네요

봄날도 고운 봄날

둑방길 자전거도로 물빛 푸른 그림 속엔
달리는 엄마 따라 자전거 타는 꼬마 소녀
아빠의 구령 소리는 찰랑대는 물방울 소리

목청껏 짝을 찾는 청둥오리 발목 위로
미끄러지던 흰 햇살이 물결 따라 일어선다
풀들도 산란을 해서 더 촘촘해진 억새밭

자전거와 사람과 새들이 함께 가는
여우비 살짝 다녀간 봄날도 고운 봄날
내 맘도 화르르 날린다, 지금이 절정이다

보름달

무너진 고향 집 돌담 곁 우물 벽에

지금도 걸려 있는 내 할머니 소원 하나

손녀딸 밟고 가는 길 꽃길이게 해달라는,

할머니 세상 뜨시고 오래된 우물터

달빛 부시어 찰랑대는 물 위에

손녀딸 할머니 되어 보름달로 서 있네

산그림자

막차가 지나간
저 길 끝 어스름 아래
걸음도 종종대며 그리운 이 오고 있다
까무룩 앞산 그림자
댓돌까지 내려오고

할머니 어머니 나
여인 삼대 반짇고리 속
시침질로 잇댄 마음 왜 그리도 시렸는지
사라진 옛집 어디에
그이 아직 살고 있는지

사진 한 장

백 년 전 그곳에선 무슨 일 있었을까

교각만 서 있고
누각은 사라진

궁금증 한껏 부푸는
흑백의 사진 한 장

흰옷 입은 여인들과 맨발의 사내들
그들을 지켜보는 양복쟁이 한 사내

무수한 사연을 담은
오래된 사진 한 장

무너져도 당당한 교각과 교각 사이

맑은 물 흘러흘러
강이 되고 바다가 됐을

북수문北水門 다리 아래의
전설 같은 사진 한 장

개똥지빠귀

머릿속에 살고 있는 개똥지빠귀
한 마리

따글따글 먼지 일어 사막이 된 둥지에

알 품어
새끼 치는지
화글화글 시끄럽다

빗나간 핏줄 타고 물길 찾아 맴도나

천사백 그램 뇌 하나 한순간 스러지면

저것들
다 어디로 가나
다음 생이 걱정이다

인도기러기

인도기러기에게 넘지 못할 높이란 없다

히말라야 에베레스트 날아서 넘는다

뼛속을 다 비워내고

고산증도 삭히고

바람의 편승 없이 근력 그 하나로

설산을 넘어가서 어디에 닿는 걸까

날개가 몸을 받드는

장엄하다 천로역정天路歷程,

그늘에서 울다

그늘의 고유 색깔은 숨어 울기 좋은 색
등걸 위 나무 새장은 새들의 울음 터다
잎마다 눈물이 박혀
햇살 아래 반짝인다

울 수 있는 그늘이 여전히 너뿐인데
울고 싶을 때 맘 놓고 우는 법을 잊은 나
못 지운 외쪽 생각만 우물 같고 그믐 같아

바람을 불러본다, 스무 살 그때처럼
울음을 비운 새의 젖은 눈이 초롱하고
슬픔이 지나간 자리
그 둘레가 말갛다

제5부

내 것이 아닌 것들

요절한 모 시인 시편들 읽다가
처음 본 그의 말이 내가 꿈꾸는 말이라서
타인의 명작 앞에서 초라하고 초조한 날

간이역 나무 의자나 배롱나무 그늘에라도
무슨 말 한마디를 건네야 할 것 같아
넌지시 자판을 당겨 손가락 올려 보지만

한 번도 본 적 없는 먼 하늘 뒷모습도
빗줄기 지붕 때리는 야멸찬 손바닥도
내 것이 아닌 것들은 내 것이 아닌 것

현재의 시간은 어제에만 머물고
내일은 또 오늘 같은 기시감既視感뿐
그렇게 생의 페이지만 시나브로 줄이는

그리운 것은 등 뒤에 있다

연붉은 것들은 왜
아프게만 보이는지

두 눈을 찌르고 떨어지는
서해 낙조

저승의 한순간처럼
교교하고 서늘하다

산수유 등불 같은
포구의 불빛들만

포말로 부서졌다
되감겨 오는 저녁

그리운 것들은 죄다
등 뒤에 서 있다

목숨 깊은 손

흰 무명 홑적삼 앞섶이 다 젖도록
손녀딸 살려 달라 비손하던 할머니

열병을 없앨 방책은
정성밖에 없었던

손금이 가리키는 내 목숨 선에는
명주실 가녀린 줄이 끊어지다 이어졌다

백년은 살고 말
명줄이다
목숨 깊은 손이다

나를 스케치하다

그림 한 점 완성되려면
선과 선이 만나야 한다

방벽과 독백이 놓일 정중앙을 가늠하고

위에서 아래쪽으로
연필 끝을 세워야 한다

무엇을 넣을 것인가
무엇을 지울 것인가

무수한 하루들이 왁자하게 흘러가고

되돌아 오는 길목엔
노란 리본도 매달고

완성이란 말 속에는
눈물 강이 모여 있다

안 되면 되게 하라는 절벽과 마주한 채

그래도 건너야 하는
아득하다 저 길

지도에 없는 너

지금은 꽃다발을 높이 던져도 좋을 때
져버린 꽃들의 지나간 봄 한철을

접어서 고이 접어서
가슴 깊이 넣는다

오로라가 떠 있는 그곳으로 너 가고
빙하가 녹고 있는 툰드라로 나는 간다

서로가 스쳐 지나갈
지도에는 없는 너

그해 겨울

부둣가 매립지에 석탄차가 들어오면
가설시장 좌판에서 숨죽인 엄마 얼굴
채소가 품은 물빛이 비명처럼 하애진다

기차가 멀어지고 아이들이 따라간다
미국인 경비병이 개머리판을 휘두르고
다 시든 무와 배추는 덩달아 파장이다

발갛게 불 오른 무쇠 난로 옆구리에
볼 붉어 일기 쓰다 잠이 든 어린 남매
꿈꾼다, 시린 발 끌고 기찻길 따라간다

소래 포구

소라횟집 저 사내 주꾸미를 닮았네

민머리 휘날리며 골목길 미끄러지네

기우뚱 엎어진 채로 수족관을 뜨고 있네

발 없는 소라 전복은 한 생을 다 걸어도

둥근 고무함지 속 그곳에서 길을 잃네

도마만 붉게 젖었네 포구도 젖어 붉네

능소화 피는 이유

오뉴월
한 갈피 넘겨
능소화 피는 것은

허방을
딛고 서서
발톱을 키운 뒤에

마음이
뒷걸음칠 때마다
잡아줬기 때문이지

그, 달팽이 집

흰 달빛
비린 바람만
제집이라 드나들던

범냇골 산동네에
숨어 차린 비렁 살이

먼 데서
빛나는 별에게
생의 좌표를 묻곤 했네

문지방 너머로는
물이끼만 가득했네

밤에 길을 나서는 매무새 가벼운 사람의

사나흘
쪽잠과 같은

고단하고

포근했던……

장미석

꽉 쥐었다 놓으면 낱낱으로 흩어지는
그 오랜 메마름에 누수가 들이치면
자디잔 몸의 돌기가 한쪽으로 뭉친다

바람에 다져지고 습윤에 가라앉고
긴 세월 염기에 절면 모래도 꽃이 된다
서로를 당겨서 피는, 지상에는 없는 꽃

황량한 그 꽃밭에는 오가는 이 없다
파헤쳐 불러주기 전엔 이름마저 없었다
소금이 피운 꽃이다 사막이 키운 장미

나쁜 봄

예쁘지만 향기 없는 줄장미를 자른다

꽃 지자 쌓이는 것 쓰레기에 불과하다

쓰다가 내던져버린 내 안의 글자 같다

허접한 내 글도 꽃과 함께 자른다

서성이는 슬픔은 한 계절을 넘기고

추레한 마지막 말이 밀서로 봉인된다

풀들의 무덤을 지나며

조상하듯 늘어선 갈대 긴 행렬 뒤로 아늑한 구릉 사이 요철 같은 풍경은 풀들의 공원묘지다 쓸쓸하고 돌올한

저 무덤 한때는 맹렬한 생명력으로 위로 오르거나 옆으로 퍼졌으리 뿌리를 쭉쭉 뻗어서 꽃 피고 씨 영글고

그들의 한철은 긴긴 한 생이었으리 숨 끝낸 것들에게 속엣말 건네본다 비로소 조금 보인다 당신에게 가는 길

데칼코마니

새는 나무에 앉아 저녁을 깃들이고

나는 물가에 서서 하루를 적고 있다

허공과 수심 사이로 물살이 긋고 간다

나르키소스 무덤인 물속은 고요한데

퍼덕이는 새소리가 산처럼 부푸는 건

서로가 서로에게로 물길 하나 내는 것

소요와 정적 모두 내 안에다 봉인하면

깊어진 생의 궁리로 새도 물도 환할까

접었다 다시 펼치면 안도 밖도 하나인,

멀고도 오랜 다정

열암곡 마애불이 지진으로 쓰러졌다
쓰러질 때 그이는 짐작이나 했을까

육백 년 긴 시간 뒤에
우리 다시 만날 것을

등에 진 바위보다 침묵이 더 무거웠을
오가는 비와 바람 무서리도 반겼을
허공은 볼 수 없으니 맨땅만 응시했을

한철이 한 생이거나 천년이 한 생이거나
만나야 할 인연이면 또 만나게 되는 것

사랑은 그러하므로
멀고도 오랜 다정

해설

시인의 눈에 비친 다정하고 쓸쓸한 세계

임지훈(문학평론가)

의미는 대상 자체에 있지 않다. 의미는 대상을 바라보는 우리의 눈에 달려 있다. 한여름 나무의 짙은 푸르름도, 타오르는 저물녘의 붉은 노을도, 혹은 녹아 흐르는 초봄의 강물조차도 그 자체로는 어떠한 의미도 없다. 오직 그것을 바라보는 인간에 의해서만 유의미한 사물로 거듭난다. 그렇기에 하이데거는 다음과 같이 말한다. "'세계世界'란 인간의 의지와 관계없이 내던져진 존재의 무대에 불과할 따름이기에 본질적으로 무의미하며, 오직 세계-내-존재에 의해서만 유의미해질 수 있다"고.

그럼에도 세계는 우리의 눈에 의미로 가득 찬 충만한 세계인 것처럼 감각된다. 눈에 비친 무수한 아름다운 사물들이 본원적으로는 우리와 아무런 관계도 없으며 어떠한 의미도 내

포하고 있지 않다는 사실을 도저히 믿을 수 없을 만큼, 세계는 우리를 향해 무수한 의미의 손짓을 보낸다. 사계절의 흐름에 따른 자연의 역동은 그 자체로 강력한 메시지가 되며, 인간은 그러한 자연의 모습을 바라보며 생에 대한 의미를 포착한다. 정녕 세계 자체가 인간과 아무런 관계도 없으며, 본원적으로 무의미한 것이라면, 우리는 왜 자연의 역동 속에서 무수한 의미를 포착하고 이를 언어화하는 것일까. 그것은 인간이 자신의 눈에 비친 모든 사물에 자신을 투영하며 사물의 역동을 의미의 체계로 받아들인다는 본능 때문이다. 인간의 의미 부여 행위는 의식적일 뿐만 아니라 무의식적인 것이기도 해서, 자신의 눈에 비친 모든 사물과 현상에 자신의 경험을 투영하고 의미를 포착한다. 이러한 과정에서 인간은 사물을 통해, 세계를 통해, 자신을 반성적으로 발견한다. 매 순간 우리를 향해 손짓하는 충만한 의미의 세계란 뒤집어 말해 내 안의 언어화되지 못한 의미들이 눈앞의 사물을 경유하여 의미화되는 과정이라 할 수 있다.

지금 우리가 눈앞에 둔 강정숙 시인의 시집, 『아직은 조금 오래 그리워해도 좋을』 또한 마찬가지이다. 이 시집은 시인이 정련해 낸 수많은 시적 공간이 무수한 적층을 이루며 세계가 지닌 부단한 면모를 다채로운 모습으로 보여준다. 때로는 "반 접혀 홀로 삭는 산모롱이 너와집"(「구절리 옛집」)을 바라보며 그 속에 눠인 시간을 바라보고, 또 한편에서는 "달빛 아래 부석사"(「그 가을, 부석사」)를 바라보며 부석사 그늘에 맺힌 시간을 바라본다. 그뿐일까. 무수히 많은 공간이 강정숙이라는 시인의 눈을 거쳐 새로운 모습으로 태어나니, 그 모습이란 실제의 공간을 넘어 독특한 언어적 미감을 포괄한 고유한 시적 공간이라 할 수 있을 것이다.

원대리 자작나무는 결마다 상처다
부대끼지 않으려고 제 가지 떨군 자리
흉터로 무늬를 새겨 한 풍경 이룬 숲

견디며 사는 게 어찌 그늘뿐일까
부딪치고 멍들어도 서로를 에두르며
빛나는 생의 한때를 꿈꾸는 게 아닌가

들켜버린 마음인가, 잎잎 발그레하다
발등 부은 한나절이 바람 따라 쓸리고
미답의 우듬지 새로 축복 같은 볕이 든다

—「자작나무 숲에서」 전문

인용한 시에서 시인은 자작나무 켜켜이 선 숲의 모습을 바라본다. 자작나무들이 빚어내는 독특한 밀집도가 특징적인 이 시에서, 나무들의 특징적인 공간감은 시인의 눈을 거쳐 서로에 "부대끼지 않으려 제 가지 떨군 자리"로 다시 빚어진다. 자작나무가 빚어내는 이 독특한 밀도는 이윽고 "부딪치고 멍들어도 서로를 에두르"는 의인화된 모습으로 시화詩化된다. 눈에 비친 사물들의 세계를 바라보며 그곳의 특수성을 식별해내고, 이를 특유의 미감 어린 언어를 통해 묘사하며 시적 공간으로 재탄생시키는 시인의 방식이다.

사물은 시인의 고유한 내면을 통과해 특수한 의미를 부여받으며, 무관계한 사물의 세계 또한 서로를 에두르는 특수한 공동체의 모습으로 재탄생한다. 이를 간추려 말하자면 다음과 같을 것이다. 사물은 시인의 눈을 거침으로써 비로소 무정한 세계에서 벗어나 고유한 의미망의 세계로 진입하게 된다고 말이다. 이처럼 시인의 독특한 시각이 있기에 자작나무 숲에 쏟아지는 한 줄기 햇살은 "미답의 우듬지 새로 축복 같은 볕"으로 다시 태어나는 것이리라.

이처럼 강정숙 시집 『아직은 조금 오래 그리워해도 좋을』은 무정한 세계의 풍경이 시인의 특수한 내면을 거쳐 고유한 관계와 의미를 가진 세계로 다시 빚어지는 과정의 연속을, 무수한 사물과 그것이 배치된 공간이 시인의 눈을 거쳐 특수한 정경情景으로 거듭나는 모습을 품고 있다. 시인의 눈은 내면에 깃든 풍부한 서정 의식을 토대로 눈앞의 현실을 특수한 정경으로 포착하며, 무관계한 사물의 세계를 다정하고 풍부한 의미들의 세계로 다시 빚어낸다.

하지만 이 세계는 아름답고 다정한 것이면서 동시에 아름답고도 쓸쓸한 것이기도 한데, 다정함의 깊이가 깊을수록 그 이면으로서의 존재의 고독 역시 깊이 감각되기 때문이리라. 아래의 「봄밤」이라는 시를 읽으며 그 다정함과 쓸쓸함의 깊이를 함께 감각해 보자.

먼 그대 소식인가
살구꽃이 지고 있다
꽃 오듯 곱게 와서 바람에 쓸려 가버린 너

치받는
뜨거운 말만
입시울에 맴돌아

잘 마른 물행주를
탁탁 털어 너는 시간
수그린 별의 이마가 말갛게 젖고 있고

사위엔
적요만 한가득
오래 목멘 봄밤이다

—「봄밤」 전문

꽃이 피는 시기가 있다면 꽃이 지는 시기도 언젠가 찾아오기 마련이다. 마찬가지로 사람의 인연도 만남이 있다면 헤어짐 또한 필연적으로 찾아오기 마련이다. 「봄밤」은 그러한 자연의 섭리와 인간의 섭리를 엮어내 상실의 정한을 표현하고 있다. "꽃 오듯 곱게 와서 바람에 쓸려 가버린 너"라는 구절이 암시하듯, 시적 화자는 과거의 시간에 '너'라는 대상을 이미 상실해 버린 지 오래이다. 그러한 상실의 정한은 눈앞의 현실을 의미화시키는 경험적 토대로 작동하며, 화자의 눈에 비친 자연의 현상은 그러한 정한 속에서 다시 셈해진다. 꽃이 지는 적요한 「봄밤」은 그렇게 화자의 눈 속에서 특수한 의미를 지닌 시공간으로, 고유하고 풍부한 의미의 풍경으로 다시 태어난다.

그렇기에 우리는 시집 속에서 아름다운 정경을 마주할수록 다음과 같은 질문에 사로잡히고 만다. 무엇이 그로 하여금 세계를 이토록 아름답고도 쓸쓸하게 감각하도록 만드는가, 라는 질문이 그것이다. 위의 「봄밤」에 비추어 말해 보자면, "입시울에 멤"도는 뜨거운 말은 무엇이며, 무엇이 그토록 화자를 목메게 만드는가의 문제이다. 작품을 살펴보자면 그것은 「통영」과 같은 시에서 나타나는 "그 울림 가슴에 품은 한 사내"와 같이 특정한 대상일 수도 있을 것이고, 「오리의 시간」에서 나타나는 "얼음 강 건너서 온 탈북녀 분임 언니"와 같은 특수한 대상일 수도 있을 것이다. 하지만 보다 중요한 것은 그 대상이 누구인가라는 특정성의 문제가 아니라 시적 화자의 생애 속에 그러한 상실의 경험이 층층이 가로질러져 있다는 사실이다. 그렇기에 화자는 「그 저수지」라는 시에서 자신의 내면을 다음과 같이 표현한다.

*

가라앉는 것들의 알지 못할 침묵과
물살이 끌고 가는 바닥의 은밀함은
물낯이 감추고 있는 무표정의 표정이다

*

소나기 지나가자 물빛 더욱 깊어져
틈 많은 방죽마다 초록 물뱀 자주 숨던
그 여름, 놓쳐버렸던 물총새의 저수지

*

마른 잎 다녀가고 또다시 겨울이다
행로를 알지 못할 철새 떼 떠난 자리
다시는 날지 못하는 날개 몇 떨고 있다

—「그 저수지」 전문

화자는 눈앞에 놓인 풍경으로서 '저수지'를 위와 같이 표현한다. 그것은 고요한 표면과 달리 무수한 침묵과 은밀함이 가라앉아 있는 깊이를 지닌 대상이다. 그 깊이 속에는 지나간 시간과 스쳐간 대상들에 대한 기억이 제각각 다른 형태로 깊이를 형성하고 있다. 그리고 이것은 완료된 현상이 아니기에, 화자가 생을 이어갈수록 화자의 내면은 깊이를 더해갈 것이며, 그 속에 더 많은 기억이 더해져 갈 것이다. 이를 암시하듯 화자는 시의 마지막 구절에서 "마른 잎 다녀가고 또다시 겨울"이라며 시간의 흐름 속에 남겨지는 자신의 내면의 처지를 형상화하고 있으며, "행로를 알지 못할 철새 떼 떠난 자리/다시는 날지 못하는 날개 몇 떨고 있다"고 비유적으로 속삭인다. 이때 "다시는 날지 못하는 날개"라는 표현은 구절이 내포하는 비가역적인 성질이 암시하듯 돌이킬 수 없는 시간에 대한 은유의 일종이라 할 수 있다.

그러한 의미에서 이 시는 화자의 내면에 남겨진, 보다 정확하게는 화자의 눈에 비친 현실을 의미화시키는 틀로서의 생애사적 경험이 갖는 정서적 깊이를 형상화한 것이라 할 수 있겠다. 하지만 위의 시는 그에 못지않게 또 다른 의미를 함축하고 있다. 그것은 화자의 내면이 단지 슬픔과 고통에 대한 저장고의 역할에 그치는 것이 아니라, 돌이킬 수 없는 비가역적 현실과 사물에 대한 기억의 저장고라는 또 다른 역할 또한 수행하고 있다는 점이다. 예컨대 화자의 내면은 이미 떠나가 버린, 돌이킬 수 없게 된 사물이 마지막으로 존재할 수 있는, (현실에서 사라진) 존재를 위한 유일한 처소이다. 그러한 의미에서 화자가 상실한 대상을 시로 쓰고 읊는 행위는 현실의 시간 속에 존재할 수 없게 된 존재들이 현실에 현현할 수 있도록 만드는 특수한 감성적 행위라 할 수 있을 것이다.

환한 구릉 같은 목백일홍 가로수며

태초부터 그곳인 77번 신작로며

빛나는 양철지붕이 눈부셔 서러운 곳

이 세상 어떤 물색이 너와 같을까마는

수만 번 파랑에도 본색으로 돌아가서

등 밀어 돌려세우는 서슬 퍼런 네 앞섶

네 표정 다 품고서 뭍으로 돌아간들

나 이제 조금밖에 기억 못할 것이므로

발등에 젖어 번지는 조바심만 아프다

—「진도 바다」 전문

그렇기에 화자는 「진도 바다」에서 "나 이제 조금밖에 기억 못할 것이므로/발등에 젖어 번지는 조바심만 아프다"고 표현한다. 화자의 기억과 시 쓰기의 행위가 현실에 존재할 수 없게 된 대상이 다시금 현실에 존재하게 만들기 위한 감성적 행위라 하였을 때, 그러한 행위를 위한 원천인 기억의 소실은 시간의 흐름과 같이 유한한 인간 존재에 있어 비가역적인 현실이면서 동시에 안타까움과 슬픔을 자아내는 일일 수밖에 없다. 하지만 외려 그러한 슬픔 또한 양면성을 지니고 있는 것이어서, 이러한 슬픔의 현실이 화자로 하여금 더욱 더 시 쓰기를 추동하는 것이라고도 할 수 있을 것이다. 예컨대 인간이 마주한 필연적인 사태로서의 망각이 화자의 기억을 마저 앗아가기 전에, 화자는 존재를 위한 언어적 처소로서의 '시'를 더욱 더 많이 써나가야 할 필요에 직면하게 되는 것이다.

이처럼 시인에게 있어 시 쓰기란 다정함의 독백이면서 쓸쓸함의 토로이며 자신의 기억을 되새김질하는 시간이자 현실에 존재할 수 없게 된 존재를 위한 처소를 건립하는 과정이라 할 수 있다. 그리고 여기에는 또 하나의 의미가 깃드는데, 그것은 사물을 통해 반성적으로 자신을 확인하듯 시 쓰기의 과정을 통해 자신을 새로이 빚어나가는 자기 성립의 과정이다.

이에 대해 화자는 「나를 빚다」라고 표현하며 다음과 같이 이야기한다.

하나의 벼린 칼을 손아귀에 쥐기까지
불과 물로 달구고 식혀 수만 번 두드려야
그렇게 물렁해져야 한 모습을 만나는 것

그러므로 당신 몸은 망치이고 담금 물이고
화덕의 불덩이이자 한 줄기 바람 되어
찰나를 베고도 남을 푸른 날[刃]이 되는 것

베어야 끝나지만 끝내 베지 못하고
녹아서 흐르고 흘러 또다시 서슬이 되는
당신의 깊은 내상이 비로소 나를 빚다

—「나를 빚다」 전문

위의 시에서 '나'라는 존재는 한순간의 완성을 통해 빚어지는 사물이 아니다. '나'라는 대상은 "불과 물로 달구고 식혀 수만 번 두드려야/그렇게 물렁해져야 한 모습"으로 대면할 수 있는 것이며, 그 물렁함이 암시하듯 '나'라는 존재는 현실이라는 화로 속에서 다시금 끝없는 정련의 과정을 거친다. 이때 정련의 과정이란 앞의 시 속에서 암시되었듯 만남과 이별의 무수한 반복이며 자신의 내면에 깊이를 더해가며 무수한 사물을 기억의 형태로 저장해 가는 과정이다. 그렇기에 화자는 "깊은 내상이 비로소 나를 빚다"라며 '나'라는 대상의 정련 과정이 끝없이 이어지며 이 순간에도 또 다른 '나'를 빚어내고 있다고 말한다. 더불어 앞의 시에서 시간의 흐름이 계절의 흐름을 통해 비유되었듯 시작과 끝의 무한한 반복 속에서 유구하게 지속되는 것이었듯이, '나'를 빚는 과정 또한 시간의 흐름 속에서 거듭 반복되리라는 것을 우리는 알 수 있다.

언덕이라 써놓고 오래 들여다보면

소낙비 찔레 덤불 해묵은 귀룽나무

밑동을 흔들고 가던 바람 또한 순해져

빈 들도 예 와서는 무른 몸을 다지고

덜 여문 잔 풀씨들 내침 없는 품 되어

타지를 떠돌다 온 발 고이 받아 꽃피운 터

가만히 읊조리면 아릿하고 아련하다

먼 길 가다 돌아봐도 언제나 그 자리에

빗장뼈 둥글게 휘어진 구릉 너머 부신 거기

—「언덕」 전문

이처럼 강정숙의 시집은 특수한 경험을 지닌 화자의 눈을 통해 다시 셈해진 현실의 모습을 그리고 있다. 시인의 눈을 통해 셈해진 현실은 다정함과 쓸쓸함이 풍부하게 깃든 의미의 산실이면서, 현실에 거처를 잃어버린 존재를 위한 처소이기도 하다. 그러한 시인에게 있어 시란 내면에 존재하는 고유한 다정함과 쓸쓸함이 분출되는 장소이면서, 동시에 머물 곳을 잃어버린 타자를 위한 쓰기의 행위라 할 수 있을 것이다. 그것을 위에 인용한 「언덕」을 경유하여 이야기해 보자면, “타지를 떠돌다 온 발 고이 받아 꽃피운 터”이면서, “먼 길 가다 돌아봐도 언제나 그 자리”에 있을 정서적 풍경이다. 다정함과 쓸쓸함이 교차하며 이뤄내는 길항작용 속에서 시인은 무정한 현실을 거듭 풍부한 의미의 산실로 다시 셈해나가는 중이다. 그 행보 속에서, 강정숙이 이뤄내는 시적 성취가 층층이 적층을 이뤄 우리의 삶 또한 풍요롭게 해주리라 믿는다.

가허 시인선 004

아직은 조금 오래 그리워해도 좋을

초판 1쇄 인쇄 2024년 6월 5일
초판 1쇄 발행 2024년 6월 12일
지은이 강정숙
펴낸이 김석봉
디자인 헤이존
펴낸곳 문학의전당
출판등록 제448-251002012000043호
주소 충북 단양군 적성면 도곡파랑로 178
전화 043-421-1977
전자우편 sbpoem@naver.com

ISBN 979-11-5896-649-2 03810